DÉCRETS PORTANT RÈGLEMENTS
DES ÉCOLES NATIONALES
D'ARTS ET MÉTIERS.

1° Décret du 14 août 1909 sur les Écoles nationales d'arts et métiers.

LE PRÉSIDENT DE LA RÉPUBLIQUE FRANÇAISE,

Vu les décrets des 11 octobre 1899, 5 janvier 1901, 22 octobre 1907 et 2 janvier 1908, relatifs aux écoles nationales d'arts et métiers;

Sur le rapport du Ministre du Commerce et de l'Industrie;

DÉCRÈTE :

TITRE PREMIER.

DISPOSITIONS GÉNÉRALES.

ARTICLE PREMIER. — Les écoles nationales d'arts et métiers ont pour objet de former des chefs d'atelier, des ingénieurs et des industriels versés dans la pratique des arts mécaniques.

Elles sont placées sous l'autorité du Ministre du Commerce et de l'Industrie, et sous la haute surveillance du préfet du département dans lequel chacune d'elles est établie.

ART. 2. — La durée des études dans les écoles nationales d'arts et métiers est de trois ans.

Aucun élève ne peut redoubler une de ses années d'études, hormis le cas de maladie ayant entraîné une suspension de travail de plus de six semaines ou d'une absence d'égale durée pour un motif légitime et après avis favorable du Conseil de l'école.

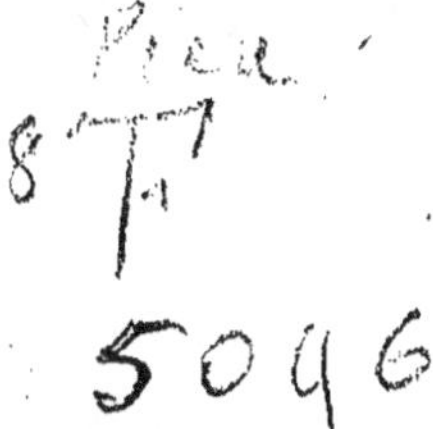

Art. 3. — Des brevets d'ingénieur des écoles nationales d'arts et métiers sont délivrés, par le Ministre du Commerce et de l'Industrie, aux élèves de 3ᵉ année qui satisfont, d'une manière complète, à toutes les épreuves des examens généraux de sortie.

Les notations allant de o à 20, les élèves qui obtiennent une moyenne générale au moins égale à 13, sans aucune moyenne particulière inférieure à 9, sont considérés comme remplissant les conditions exigées pour l'obtention du brevet d'ingénieur.

Les élèves qui ne remplissent pas les conditions ci-dessus, mais qui obtiennent cependant une moyenne générale au moins égale à 11, sans aucune moyenne particulière inférieure à 6, ont droit au diplôme d'ancien élève des écoles d'arts et métiers.

Ce diplôme est délivré par le Ministre du Commerce et de l'Industrie.

Les élèves qui, à la suite des examens de sortie, n'ont pas obtenu le brevet d'ingénieur en raison d'une moyenne particulière inférieure à 9, et ceux qui n'ont pas obtenu le diplôme d'ancien élève en raison d'une moyenne particulière inférieure à 6, peuvent être autorisés à subir, une seule fois, un an après leur sortie, une nouvelle épreuve portant exclusivement sur la matière pour laquelle leur insuffisance a été constatée.

S'ils subissent avec succès cet examen, un brevet d'ingénieur ou un diplôme d'ancien élève, suivant le cas, leur est délivré.

Une médaille d'argent, d'après le modèle adopté par le Ministère, est décernée aux élèves qui ont obtenu, à la suite des examens généraux de sortie, une moyenne générale au moins égale à 15, sans moyenne particulière inférieure à 11.

Le premier élève de la promotion sortante reçoit une médaille d'or s'il remplit les conditions ci-dessus.

L'attribution des médailles est mentionnée sur les brevets d'ingénieur délivrés aux intéressés.

Les 15 premiers élèves médaillés qui, dans le délai de deux ans, à partir de leur sortie de l'école, déduction faite de la durée du service militaire, justifieront d'une année de travail manuel dans un atelier ou d'une année d'études dans certaines écoles techniques d'un niveau supérieur désignées par arrêtés ministériels pourront recevoir une récompense de 5oo francs.

Art. 4. — Les écoles nationales d'arts et métiers ne reçoivent que des élèves internes.

Toutefois les élèves dont les parents habitent la ville même où est située l'école, ou sa banlieue immédiate, peuvent, à titre exceptionnel, être admis en qualité d'externes demi-pensionnaires (A).

Le nombre des élèves ne peut dépasser 3oo par école.

Art. 5. — Le prix de la pension, celui du trousseau et le taux des différentes rétributions à payer par les élèves pour les fournitures classiques ou autres sont fixés par arrêtés ministériels.

Art. 6. — Des bourses ou fractions de bourse et des dégrèvements de frais de trousseau ou d'études peuvent être accordés, dans la limite des crédits inscrits pour cet objet au budget du Ministère du Commerce et de l'Industrie, aux élèves dont les familles ont préalablement fait constater l'insuffisance de leurs ressources.

Toutefois ces bourses peuvent être supprimées, en totalité ou en partie, en cas de mauvaise conduite ou d'insuffisance de travail.

La suppression de bourses ou de fractions de bourse pour insuffisance de travail est prononcée par le Ministre sur la proposition du directeur et l'avis du conseil de l'école. La restitution peut s'opérer dans les mêmes formes.

Les élèves dont la note de conduite semestrielle est inférieure à 14 perdent, par ce fait même, la jouissance totale ou partielle de leur bourse. Le conseil de l'école fixe la quotité à supprimer.

Les bourses ou fractions de bourse ainsi supprimées peuvent être restituées par le Ministre, après délibération du conseil de l'école établissant que la note de conduite des intéressés s'est améliorée et que leur note est égale ou supérieure au minimum exigé.

Art. 7. — Les élèves portent un costume dont le modèle est arrêté par le Ministre.

(A) Ainsi modifié par le décret du 12 mai 1911.

TITRE II.

MODE ET CONDITIONS D'ADMISSION DES ÉLÈVES.

ART. 8. — L'admission dans les écoles nationales d'arts et métiers a lieu par voie de concours et conformément aux règles ci-après déterminées.

ART. 9 (A). — Nul ne peut être admis au concours s'il n'est Français et s'il n'a préalablement justifié qu'il aura quinze ans au moins et moins de dix-huit ans au 1er janvier de l'année dans laquelle le concours a lieu.

Aucune dispense d'âge n'est accordée.

Tout candidat doit être pourvu de l'un des titres énumérés ci-après :

Certificat d'études pratiques industrielles;

Certificat d'études primaires supérieures;

Certificat d'études secondaires du premier degré;

Diplôme de 1re classe de l'école La Martinière, à Lyon (section du génie civil);

Certificat délivré aux élèves de troisième année de l'École professionnelle de Nancy.

ART. 10. — Les demandes d'admission au concours doivent être adressées par écrit, avant le 1er mai de chaque année, au préfet du département dans lequel la famille est domiciliée.

Ces demandes doivent être accompagnées des pièces suivantes :

1° L'acte de naissance du candidat;

2° Un des titres énumérés à l'article 9, paragraphe 4;

3° Un certificat d'un docteur-médecin assermenté constatant qu'il est d'une bonne constitution, et spécialement qu'il n'est atteint d'aucune maladie chronique contagieuse et qu'il peut se livrer sans inconvénient au travail manuel;

(A) Ainsi modifié par le décret du 25 avril 1913.

4° Un certificat de revaccination constatant que cette opération a été effectuée dans l'année qui précède celle du concours;

5° Un certificat de bonnes vie et mœurs délivré par l'autorité locale, attestant de plus que le candidat est Français;

6° Un relevé, certifié conforme, de ses notes de conduite et de travail pendant ses deux dernières années scolaires;

Les candidats dont les notes ne seraient pas satisfaisantes pourront être exclus du concours par décision ministérielle.

Cette décision sera notifiée aux intéressés huit jours au moins avant la date des épreuves;

7° L'engagement pris par les parents d'acquitter la totalité ou la fraction de la pension laissée à leur charge, ainsi que le prix du trousseau et la somme destinée à constituer et à entretenir la masse particulière de l'élève.

La signature de chaque certificat et de l'engagement doit être légalisée.

Art. 11. — Les demandes de bourse sont adressées au Ministre. Elles sont déposées à la préfecture en même temps que les demandes d'admission.

Le préfet procède à une enquête sur la situation de la famille.

Le conseil municipal du lieu dans lequel la famille du candidat a son domicile est appelé à donner son avis sur la demande de bourse.

La délibération motivée de cette assemblée, avec toutes les pièces relatives à chaque demande, est ensuite transmise au Ministre par le préfet, qui y joint son avis personnel.

Art. 12. — Pour le recrutement des élèves, la France est divisée en autant de régions qu'il existe d'écoles. Un arrêté ministériel fixe les limites de chaque région.

Art. 13. — Les connaissances exigées pour l'admission sont :

1° L'écriture;

2° La langue française;

3° Des notions d'histoire et de géographie;

4° L'arithmétique théorique et pratique;

5° La géométrie élémentaire;

6° L'algèbre jusqu'aux équations du deuxième degré à une inconnue inclusivement;

7° Les éléments de la physique et de la chimie;

8° Le dessin d'ornement et le dessin linéaire;

9° Le travail manuel;

10° A partir de 1912, une langue étrangère (anglais ou allemand).

ART. 14. — Le concours d'admission se compose d'épreuves écrites, d'une épreuve de travail manuel et d'épreuves orales.

Les épreuves écrites comprennent :

1° Une page d'écriture;

2° Une dictée avec questions de grammaire;

3° Une composition française;

4° Un dessin linéaire;

5° Un dessin d'ornement à la plume;

6° Un problème d'arithmétique et un ou deux problèmes d'algèbre;

7° Deux problèmes de géométrie;

8° Une composition de physique et de chimie;

9° Une épreuve de travail manuel.

Les épreuves écrites et manuelles sont éliminatoires.

Les épreuves orales comprennent :

1° Questions de grammaire;

2° Questions d'histoire et de géographie;

3° Questions d'arithmétique et d'algèbre;

4° Questions de géométrie.

A partir de 1912, le concours comprendra, en outre, les épreuves suivantes :

A l'écrit, une version anglaise ou allemande;

A l'oral, une conversation en langue anglaise ou allemande.

ART. 15. — Un arrêté ministériel détermine le programme détaillé des matières de l'examen et les conditions dans lesquelles auront lieu les diverses épreuves.

TITRE III.

DE L'ENSEIGNEMENT DANS LES ÉCOLES NATIONALES D'ARTS ET MÉTIERS.

ART. 16. — L'enseignement donné dans les écoles nationales d'arts et métiers est théorique et pratique.

ART. 17. — L'enseignement théorique, toujours dirigé dans le sens des applications, comprend :

1° L'algèbre, jusqu'au binôme de Newton inclus avec applications, et des notions élémentaires sur les dérivées ;

2° La trigonométrie rectiligne, des compléments de géométrie comprenant l'arpentage et le nivellement ;

3° Des notions élémentaires de géométrie analytique, de calcul différentiel et intégral ;

4° La géométrie descriptive et des notions de perspective usuelle, de coupe de pierres et de charpentes ;

5° La cinématique théorique et appliquée ;

6° La mécanique générale et la mécanique appliquée, comprenant la dynamique, la statique, les résistances passives, la résistance des matériaux, l'hydraulique, les machines et les moteurs ;

7° La physique et ses applications industrielles, notamment celles de l'electricité ;

8° La chimie et ses principales applications industrielles, notamment les applications relatives à la métallurgie ;

9° Le dessin, et principalement le dessin industriel ;

10° La technologie étudiée tout spécialement dans ses applications à la construction des machines ;

11° La langue française ;

12° L'histoire ;

13° La géographie ;

14° Des notions de comptabilité et de législation industrielles et d'économie sociale ;

15° L'hygiène industrielle ;

16° L'éducation morale et civique;

17° L'étude d'une langue étrangère, anglaise ou allemande (à dater de 1912).

ART. 18. — L'enseignement pratique se donne dans les ateliers spéciaux, savoir :

Menuiserie et modèles;

Fonderie;

Forges et chaudronnerie;

Ajustage.

Le nombre des ateliers peut être augmenté.

Les élèves sont répartis, pendant la durée de leurs études, entre les ateliers d'après les règles déterminées par arrêtés ministériels.

ART. 19. — Le produit du travail exécuté dans les ateliers appartient à l'État.

TITRE IV.

DU PERSONNEL DES ÉCOLES. — LE DIRECTEUR.

ART. 20. — Les écoles nationales d'arts et métiers sont administrées, sous la haute autorité du Ministre du Commerce et de l'Industrie et la surveillance du préfet du département, par un directeur assisté d'un conseil d'administration, d'un conseil de perfectionnement et du conseil de l'école dont la composition et les attributions sont indiquées au titre V du présent décret.

Le directeur est nommé par le Ministre.

Les candidats aux fonctions de directeur doivent justifier qu'ils ont rempli pendant cinq ans au moins, dans l'enseignement public, l'une des fonctions suivantes :

Censeur ou proviseur dans un lycée;

Directeur d'une école normale d'instituteurs, d'une école nationale professionnelle ou d'une école pratique comptant au moins 200 élèves;

Sous-directeur ou ingénieur d'une école nationale d'arts et métiers.

Peuvent également être appelés aux fonctions de directeur les ingénieurs de l'État, les ingénieurs des arts et manufactures, les ingénieurs civils des mines et les ingénieurs des arts et métiers qui ont appartenu pendant cinq ans au moins à l'enseignement public.

Le personnel enseignant.

Art. 21. — Le personnel de l'enseignement dans chaque école comprend, indépendamment du directeur :

Un sous-directeur, censeur des études ;

Un ingénieur ;

Un professeur de français, géographie et histoire ;

Un professeur de mécanique ;

Deux professeurs de mathématiques ;

Un professeur de chimie, de métallurgie et d'électricité industrielle ;

Trois professeurs de dessin et de technologie ;

Un chef d'atelier pour chacun des ateliers de l'école et le nombre de sous-chefs jugé nécessaire au service de ces ateliers ;

Des chargés de cours pour l'enseignement de la physique et de la chimie en première année ; de la comptabilité et de la législation industrielles et de l'économie sociale en deuxième année ; pour l'enseignement de la morale, de l'hygiène et, à partir de 1912, pour celui des langues étrangères ;

Un sous-chef d'atelier chargé du service électrique, de l'enseignement pratique de l'électricité et de la préparation du cours d'électricité.

Dans chaque division, un des sous-chefs d'atelier est chargé de l'enseignement du croquis.

Les fonctions de préparateur de physique et de chimie peuvent être remplies par un des surveillants répétiteurs prévus à l'article 24 du présent décret.

Art. 22. — Les fonctionnaires de l'enseignement sont nommés par le Ministre.

Les ingénieurs, professeurs, chefs d'atelier et sous-chefs d'atelier doivent préalablement subir l'épreuve d'un concours dont le Ministre arrête les conditions et le programme ; ils ne peuvent être titularisés qu'après un stage d'un an au moins.

Toutefois peuvent être nommés professeurs sans concourir les candidats appartenant déjà, depuis cinq ans au moins, en qualité de professeur, à des établissements publics d'enseignement et qui sont pourvus du professorat industriel ou d'une licence d'ordre scientifique pour les chaires de mécanique, de mathématiques, de physique et de chimie, du professorat commercial ou d'une licence de l'ordre des lettres ou du professorat lettres des écoles normales pour la chaire de français, d'histoire et de géographie.

Le personnel administratif.

Art. 23. — Le personnel administratif attaché à chaque école comprend :

Un agent comptable-économe ;
Un secrétaire de la direction ;
Le nombre de surveillants nécessaire ;
Enfin des employés d'administration et des agents subalternes.

Art. 24. — Les candidats aux fonctions de surveillant répétiteur doivent être âgés de vingt-trois ans au moins et de trente-cinq ans au plus.

Ils sont tenus de justifier soit de la possession du brevet supérieur de l'enseignement primaire joint au certificat d'aptitude pédagogique, soit de la possession d'une licence de l'ordre des lettres ou des sciences.

Art. 25. — L'agent comptable-économe, le secrétaire de la direction, les commis d'administration, les surveillants et les surveillants répétiteurs sont nommés par le Ministre.

Le Ministre peut déléguer au directeur la nomination des agents subalternes ; mais, dans tous les cas, il règle leur nombre et leur traitement.

Art. 26. — Un médecin en chef et un médecin adjoint sont attachés à chaque école; ils sont nommés par le Ministre.

Autant que possible, l'un d'eux doit être chirurgien.

Personnel ouvrier.

Art. 27. — Le personnel ouvrier se compose :

1° D'ouvriers et d'ouvrières ;

2° De manœuvres ;

3° D'hommes de peine et d'ouvrières journalières.

Art. 28. — Les ouvriers sont recrutés à la suite d'un concours dont les conditions sont déterminées par décision ministérielle, et nommés par le directeur de l'école, suivant l'ordre de mérite établi par le jury.

Le directeur nomme également les manœuvres, les hommes de peine, les ouvriers et les ouvrières journalières.

Les manœuvres sont choisis après un examen probatoire.

Régime disciplinaire.

Art. 29. — Les peines disciplinaires applicables au personnel enseignant et administratif des écoles sont les suivantes :

La réprimande ;

La censure simple ;

La censure avec insertion au *Bulletin de l'Enseignement technique* ;

La révocation.

Toutes ces peines sont prononcées par le Ministre ; toutefois les trois dernières ne peuvent l'être qu'après avis du conseil de discipline, l'intéressé entendu ou dûment appelé.

Le conseil de discipline est composé :

1° Des membres du Comité d'inspection de l'Enseignement technique ;

2° D'un directeur d'école d'arts et métiers élu par ses collègues ;

3° De deux professeurs et d'un chef d'atelier d'école d'arts et métiers élus par leurs collègues ;

4° Et, pour toutes les autres catégories du personnel, d'un représentant de chacune de ces catégories élu par ses collègues et qui ne siège que lorsqu'un de ces derniers est mis en cause.

Le conseil de discipline est présidé par le directeur de l'Enseignement technique.

Les conditions dans lesquelles il doit être procédé à l'élection des membres représentant le personnel dans le conseil de discipline seront déterminées par un arrêté ministériel.

Toute peine disciplinaire pourra entraîner en outre, sur l'avis du conseil de discipline, la radiation du tableau d'avancement.

Dans le cas où il le jugera utile, le Ministre pourra suspendre, sans attendre l'avis du conseil de discipline et seulement à titre provisoire, tout fonctionnaire sous le coup d'une punition disciplinaire, sans que cette suspension puisse entraîner aucune privation de traitement.

Les peines disciplinaires applicables au personnel ouvrier sont fixées par arrêté ministériel.

Dispositions communes à toutes les catégories du personnel.

ART. 30. — Un règlement, arrêté par le Ministre, détermine dans leurs détails les attributions et les devoirs des diverses catégories du personnel des écoles nationales d'arts et métiers.

ART. 31. — Les traitements des fonctionnaires et employés des écoles et les conditions d'avancement sont réglés par arrêtés ministériels.

TITRE V.

DES CONSEILS DES ÉCOLES NATIONALES D'ARTS ET MÉTIERS. RÉGIME DISCIPLINAIRE DES ÉLÈVES. — INSPECTION.

Conseil d'administration.

ART. 32. — Le conseil d'administration comprend des membres de droit et des membres choisis par le Ministre, savoir :

Membres de droit :

Le préfet du département ;
Le maire de la ville ;
Un conseiller général du département, désigné par ses collègues ;
Un membre de la chambre de commerce dans le ressort de laquelle est située l'école, également désigné par ses collègues.

Membres choisis par le Ministre :

Quatre notables commerçants ou industriels de la localité ou de la région, dont deux au moins choisis parmi les membres du conseil de perfectionnement de l'école ;
Un inspecteur régional et deux inspecteurs départementaux de l'Enseignement technique.

Les membres du conseil d'administration choisis par le Ministre sont nommés pour une période de trois ans ; leur mandat peut être renouvelé à l'expiration de cette période.

Le directeur assiste aux séances du conseil, sauf quand il est délibéré sur son compte d'administration. Il a voix consultative seulement.

ART. 33. — Le conseil d'administration se réunit au moins deux fois par an, en novembre et en juin.

ART. 34. — Le préfet du département est, de droit, président du conseil d'administration. Le conseil choisit, chaque année, dans son sein, un vice-président. En l'absence de l'un ou de l'autre, le conseil désigne un président de séance.

Art. 35. — Le conseil d'administration est chargé :

1° De donner son avis sur le projet de budget de l'école présenté par le directeur et sur les demandes de crédits supplémentaires à adresser au Ministre;

2° De régler, sur la proposition du directeur et sous réserve de l'approbation du Ministre, toutes les questions relatives au chauffage, à l'éclairage, à la nourriture, au logement et à l'entretien des élèves, au nombre et au salaire des ouvriers et ouvrières des ateliers et de l'économat et des gens de service;

3° De s'assurer par des visites périodiques, et au moins deux fois par an, de la bonne tenue de l'établissement;

4° D'examiner le compte administratif et le rapport sur la situation morale et matérielle de l'établissement, qui lui sont soumis par le directeur dans la première quinzaine de juin; il en délibère et adresse au Ministre ses observations et propositions. En général, il est chargé de veiller sur les intérêts matériels de l'école.

Art. 36. — Toutes les délibérations concernant la situation matérielle de l'école et les améliorations à réaliser sont transmises au Ministre par le préfet, président du conseil d'administration.

Conseil de perfectionnement.

Art. 37. — Le conseil de perfectionnement comprend des membres de droit et des membres nommés par le Ministre.

Sont membres de droit :

Le préfet, *président*;
Le maire de la ville où est située l'école;
Le directeur de l'école;
Le sous-directeur, censeur des études;
L'ingénieur.

Sont nommés pour trois ans par le Ministre du Commerce douze membres au moins, choisis de préférence parmi les industriels de la région.

Le conseil désigne un vice-président et un secrétaire.

Art. 38. — Le conseil de perfectionnement de chaque école d'arts et métiers donne son avis sur toutes les améliorations à apporter dans l'organisation des études tant techniques que pratiques, dans l'installation des classes et des ateliers et sur les questions disciplinaires d'ordre général.

Il donne, en outre, son avis sur toutes les questions qui lui sont soumises par le Ministre.

Art. 39. — Le conseil se réunit sur la convocation de son président chaque fois quel es circonstances l'exigent, et au moins une fois par an dans le courant du mois de juin.

Au cours de la réunion du mois de juin, le directeur rend compte de la marche générale de l'école, des résultats des études et des faits notables qui se sont produits pendant l'année scolaire.

Le conseil de l'école.

Art. 40. — Le conseil de l'école se compose :

Du directeur, *président;*

Du sous-directeur, censeur des études;

De l'ingénieur;

Des professeurs et chefs d'atelier;

De trois membres désignés par le Ministre et pris dans le conseil de perfectionnement;

D'un sous-chef et d'un surveillant, élus par leurs collègues au commencement de chaque année scolaire.

Le directeur désigne celui des membres du conseil qui est chargé des fonctions de secrétaire.

Lorsque le préfet du département assiste aux réunions du conseil de l'école, la présidence lui appartient.

Art. 41. — Le conseil de l'école donne son avis sur les demandes de bourses formées par les élèves et sur l'allocation des primes de 500 francs accordées aux anciens élèves médaillés; il arrête le classement de fin d'année des trois divisions.

Il désigne les élèves qui, pour leur mauvaise conduite ou leur insuffisance, doivent être l'objet d'une peine disciplinaire.

Il se réunit sur la convocation du directeur, qui fixe l'ordre du jour des séances aussi souvent que les nécessités l'exigent ; mais, tous les trois mois au moins, le directeur réunit le conseil pour examiner avec lui les questions intéressant le fonctionnement de l'école.

Régime disciplinaire.

ART. 42. — Les punitions qui peuvent être infligées aux élèves sont les suivantes :

Privation de sortie ;

Avertissement consigné au dossier ;

Note aux parents avec inscription au dossier ;

Censure ;

Exclusion temporaire de huit à quinze jours ;

Exclusion définitive.

Les trois premières punitions sont infligées par le directeur ou le sous-directeur, censeur des études, d'après les rapports écrits des professeurs, chefs d'atelier ou surveillants.

Les autres punitions ne peuvent être infligées qu'après avis du conseil de l'école.

Les exclusions temporaires ou définitives ne peuvent être prononcées que par le Ministre.

Dans les cas graves, le conseil de l'école peut prononcer l'exclusion immédiate de l'élève ; il en est référé aussitôt par le directeur au préfet, puis au Ministre, qui statue définitivement.

En cas d'extrême nécessité, le directeur est même dispensé de convoquer les membres du conseil étrangers au personnel de l'école.

ART. 43. — Des récompenses peuvent être accordées aux élèves dont la conduite et le travail sont particulièrement satisfaisants.

Ces récompenses consistent :

1° En la radiation d'une mauvaise note inscrite antérieurement au dossier;

2° En une mention spéciale de satisfaction inscrite au dossier et au bulletin trimestriel.

Art. 44. — A la fin de chaque trimestre, le directeur établit pour chaque élève un bulletin résumant les notes relatives à son travail, à ses progrès et à sa conduite pendant ce trimestre.

Les bulletins de notes ainsi établis sont adressés aux parents ou aux correspondants des élèves.

Un relevé du bulletin de notes des élèves jouissant d'allocations départementales est, en outre, adressé au préfet de leur département.

Deux fois par an, à Pâques et en fin d'année, il est adressé au Ministre un état des notes de tous les élèves.

Inspection.

Art. 45. — Un inspecteur général, nommé par le Ministre, fait dans les écoles les tournées d'inspection jugées nécessaires; chaque école doit être inspectée au moins une fois par an.

L'inspecteur général exerce son contrôle sur tous les services, aussi bien sur le service de l'enseignement que sur ceux de l'administration de l'école; il se fait rendre compte du travail et de la conduite des élèves, qu'il interroge, s'il y a lieu, et adresse au Ministre un rapport détaillé sur le résultat de ses inspections.

Le Ministre peut, en outre, lorsqu'il le juge convenable, confier à des délégués spéciaux la mission d'inspecter l'ensemble des écoles d'arts et métiers ou l'une d'entre elles au point de vue soit de l'organisation administrative ou pédagogique, soit de telle ou telle branche de l'enseignement.

Le délégué ainsi chargé d'une mission spéciale rend compte directement au Ministre du résultat de son inspection; il fournit, s'il y a lieu, des notes sur le personnel.

TITRE VI.

DISPOSITIONS DIVERSES.

ART. 46. — Les legs et donations faits aux écoles nationales d'arts et métiers continueront à recevoir leur destination aux conditions fixées par les ordonnances et décrets qui en ont autorisé l'acceptation.

ART. 47. — Un rapport annuel est adressé au préfet par le directeur sur la marche de l'école et transmis par le préfet au Ministre avec ses observations et son avis.

Dispositions transitoires.

ART. 48. — Les chefs des ateliers qui remplissent actuellement les fonctions d'ingénieur et les sous-chefs d'atelier d'ajustage qui remplissent celles de chef d'atelier pourront être exceptionnellement nommés ingénieurs ou chefs d'atelier sans concours sur la proposition motivée de l'inspecteur général.

ART. 49. — Toutes dispositions contraires au présent décret sont abrogées.

ART. 50. — Le Ministre du Commerce et de l'Industrie est chargé de l'exécution du présent décret.

Fait à Rambouillet, le 14 août 1909.

A. FALLIÈRES.

Par le Président de la République :

Le Ministre du Commerce et de l'Industrie,
JEAN DUPUY.

2° Décret du 12 janvier 1912 concernant l'école de Paris.

Le Président de la République française,

Vu le décret du 14 août 1909, modifié par celui du 12 mai 1911, portant règlement des écoles nationales d'arts et métiers;

Vu la convention, en date du 28 février 1905, passée entre l'État et le département de la Seine, au sujet de la construction d'une école nationale d'arts et métiers à Paris;

Vu la loi du 5 avril 1906, approuvant ladite convention;

Sur la proposition du Ministre du Commerce et de l'Industrie,

Décrète :

Article premier. — L'École nationale d'arts et métiers de Paris est régie par les dispositions du décret du 14 août 1909, portant règlement des écoles nationales d'arts et métiers, sauf en ce qui concerne les dérogations prévues aux articles ci-après.

Art. 2. — L'École nationale d'arts et métiers de Paris comporte, en dehors des trois années normales d'études, une quatrième année complémentaire. Le nombre des élèves de cette année ne pourra être supérieur à 100.

Art. 3. — Les cours de la quatrième année seront accessibles aux élèves diplômés de toutes les écoles d'arts et métiers. Le programme et les conditions d'admission dans cette année seront fixés par arrêté du Ministre du Commerce et de l'Industrie.

Art. 4. — L'École ne reçoit que des élèves externes. Tous les élèves prennent obligatoirement à l'école le repas de midi.

Art. 5. — Les élèves ne portent aucun uniforme, ni autre signe distinctif.

Art. 6. — Le montant de la rétribution scolaire, dans les quatre années d'études, est fixé par le Ministre du Commerce et de l'Industrie. Des bourses ou subventions spéciales pourront être accordées aux élèves par arrêté ministériel.

Art. 7. — Les cadres, les traitements et indemnités du personnel de tout ordre sont fixés par le Ministre du Commerce et de l'Industrie, qui nomme les titulaires des divers emplois.

Le Ministre peut, toutefois, déléguer au directeur de l'école la nomination des agents subalternes; mais, en ce cas, il règle leur nombre et leurs traitements.

Art. 8. — Le conseil d'administration de l'école comprend des membres de droit et des membres choisis par le Ministre :

1° Membres de droit :

Le préfet de la Seine;

Le président du Conseil général;

Le président du Conseil municipal;

Deux conseillers généraux du département de la Seine élus par leurs collègues;

Un représentant de la Chambre de commerce de Paris élu par ses collègues.

2° Membres choisis par le Ministre :

Six notables commerçants ou industriels du département de la Seine, dont deux au moins pris parmi les membres du Conseil de perfectionnement;

Un inspecteur régional et un inspecteur départemental de l'enseignement technique.

Les membres du conseil d'administration choisis par le Ministre sont nommés pour une période de trois ans : leur mandat est renouvelable.

Le préfet est de droit président du conseil. En son absence, le conseil est présidé par le président du Conseil général ou, à défaut, par le président du Conseil municipal.

Le conseil désigne un secrétaire pris dans son sein ou parmi les fonctionnaires de l'école, proposés par le directeur.

Le directeur de l'école assiste aux séances du conseil, sauf quand il est délibéré sur son compte d'administration. Il a voix consultative seulement.

Art. 9. — Le conseil de perfectionnement de l'école comprend :

1° Membres de droit :

Le préfet de la Seine ;
Le président du Conseil général ;
Le président du Conseil municipal ;
Le directeur de l'école ;
Le sous-directeur, censeur des études, ou, à défaut, un professeur de l'école, désigné par le Ministre ;
L'ingénieur.

2° Trois fonctionnaires de l'Administration départementale, désignés par le préfet de la Seine ;
Deux membres du Conseil général, élus par leurs collègues ;
Quinze membres, choisis par le Ministre parmi les industriels et commerçants du département de la Seine et les personnes ayant une compétence spéciale en matière d'enseignement technique.

Les mandats des membres temporaires ont une durée de trois ans. Ils sont renouvelables.

En l'absence du préfet, le conseil est présidé par le président du Conseil général ou, à défaut, le président du Conseil municipal.

Le conseil désigne un secrétaire pris dans son sein.

Art. 10. — Le Ministre du Commerce et de l'Industrie est chargé de l'exécution du présent décret.

Fait à Paris, le 12 janvier 1912.

A. FALLIÈRES.

Par le Président de la République :

Le Ministre du Commerce et de l'Industrie,

Ch. COUYBA.